Passwortbuch

| C |
| D |
| E |
| F |
| G |
| H |
| I |
| J |
| K |
| L |
| M |
| N |
| O |
| P |
| Q |
| R |
| S |
| T |
| U |
| V |
| W |
| X |
| Y |
| Z |

Dieses Buch gehört:

Name	
Anschrift	
PLZ / Ort	
Tel.	
E-Mail	

Passwort Tipps

» *Wählen Sie Passwörter mit mindestens 8 Zeichen.*

» *Verwenden Sie eine Kombination aus Großbuchstaben, Kleinbuchstaben, Zahlen und Sonderzeichen.*

» *Vermeiden Sie jeglichen Bezug zu Ihrer Person wie z.B. Geburtsdatum oder Adresse.*

» *Verwenden Sie keine Begriffe, die im Wörterbuch vorkommen.*

» *Ändern Sie Ihre Passwörter regelmäßig.*

» *Geben Sie Ihre Passwörter niemals an Dritte weiter.*

Weitere Tipps, zur Erstellung sicherer Passwörter, finden Sie auf *Seite 61*.

❯ Anbieter / Adresse ....

Benutzername ....

Passwort ....

Passwort ....

Passwort ....

Notizen ....

❯ Anbieter / Adresse ....

Benutzername ....

Passwort ....

Passwort ....

Passwort ....

Notizen ....

❯ Anbieter / Adresse ....

Benutzername ....

Passwort ....

Passwort ....

Passwort ....

Notizen ....

A

❯ Anbieter / Adresse ....

Benutzername ....

Passwort ....

Passwort ....

Passwort ....

Notizen ....

❯ Anbieter / Adresse ....

Benutzername ....

Passwort ....

Passwort ....

Passwort ....

Notizen ....

❯ Anbieter / Adresse ....

Benutzername ....

Passwort ....

Passwort ....

Passwort ....

Notizen ....

❯ Anbieter / Adresse ....

Benutzername ....

Passwort ....

Passwort ....

Passwort ....

Notizen ....

❯ Anbieter / Adresse ....

Benutzername ....

Passwort ....

Passwort ....

Passwort ....

Notizen ....

❯ Anbieter / Adresse ....

Benutzername ....

Passwort ....

Passwort ....

Passwort ....

Notizen ....

B

❯ Anbieter / Adresse ....

Benutzername ....

Passwort ....

Passwort ....

Passwort ....

Notizen ....

❯ Anbieter / Adresse ....

Benutzername ....

Passwort ....

Passwort ....

Passwort ....

Notizen ....

❯ Anbieter / Adresse ....

Benutzername ....

Passwort ....

Passwort ....

Passwort ....

Notizen ....

❯ Anbieter / Adresse ....

Benutzername ....

Passwort ....

Passwort ....

Passwort ....

Notizen ....

❯ Anbieter / Adresse ....

Benutzername ....

Passwort ....

Passwort ....

Passwort ....

Notizen ....

❯ Anbieter / Adresse ....

Benutzername ....

Passwort ....

Passwort ....

Passwort ....

Notizen ....

❯Anbieter / Adresse ....

Benutzername ....

Passwort ....

Passwort ....

Passwort ....

Notizen ....

❯Anbieter / Adresse ....

Benutzername ....

Passwort ....

Passwort ....

Passwort ....

Notizen ....

❯Anbieter / Adresse ....

Benutzername ....

Passwort ....

Passwort ....

Passwort ....

Notizen ....

❯ Anbieter / Adresse ....

Benutzername ....

Passwort ....

Passwort ....

Passwort ....

Notizen ....

❯ Anbieter / Adresse ....

Benutzername ....

Passwort ....

Passwort ....

Passwort ....

Notizen ....

❯ Anbieter / Adresse ....

Benutzername ....

Passwort ....

Passwort ....

Passwort ....

Notizen ....

❯ Anbieter / Adresse ....

Benutzername ....

Passwort ....

Passwort ....

Passwort ....

Notizen ....

❯ Anbieter / Adresse ....

Benutzername ....

Passwort ....

Passwort ....

Passwort ....

Notizen ....

❯ Anbieter / Adresse ....

Benutzername ....

Passwort ....

Passwort ....

Passwort ....

Notizen ....

❯ Anbieter / Adresse ....

Benutzername ....

Passwort .... **E**

Passwort ....

Passwort ....

Notizen ....

❯ Anbieter / Adresse ....

Benutzername ....

Passwort ....

Passwort ....

Passwort ....

Notizen ....

❯ Anbieter / Adresse ....

Benutzername ....

Passwort ....

Passwort ....

Passwort ....

Notizen ....

❯ **Anbieter / Adresse** ....

Benutzername ....

E *Passwort* ....

Passwort ....

Passwort ....

Notizen ....

❯ **Anbieter / Adresse** ....

Benutzername ....

Passwort ....

Passwort ....

Passwort ....

Notizen ....

❯ **Anbieter / Adresse** ....

Benutzername ....

Passwort ....

Passwort ....

Passwort ....

Notizen ....

> Anbieter / Adresse ....

Benutzername ....

Passwort ....

Passwort ....

Passwort ....

Notizen ....

> Anbieter / Adresse ....

Benutzername ....

Passwort ....

Passwort ....

Passwort ....

Notizen ....

> Anbieter / Adresse ....

Benutzername ....

Passwort ....

Passwort ....

Passwort ....

Notizen ....

❯Anbieter / Adresse ....

Benutzername ....

Passwort ....

Passwort ....

Passwort ....

Notizen ....

❯Anbieter / Adresse ....

Benutzername ....

Passwort ....

Passwort ....

Passwort ....

Notizen ....

❯Anbieter / Adresse ....

Benutzername ....

Passwort ....

Passwort ....

Passwort ....

Notizen ....

> **Anbieter / Adresse** ....

Benutzername ....

Passwort ....

Passwort ....

G

Passwort ....

Notizen ....

> **Anbieter / Adresse** ....

Benutzername ....

Passwort ....

Passwort ....

Passwort ....

Notizen ....

> **Anbieter / Adresse** ....

Benutzername ....

Passwort ....

Passwort ....

Passwort ....

Notizen ....

❯ Anbieter / Adresse ....

Benutzername ....

Passwort ....

Passwort ....

G

Passwort ....

Notizen ....

❯ Anbieter / Adresse ....

Benutzername ....

Passwort ....

Passwort ....

Passwort ....

Notizen ....

❯ Anbieter / Adresse ....

Benutzername ....

Passwort ....

Passwort ....

Passwort ....

Notizen ....

❯ **Anbieter / Adresse** ....

Benutzername ....

Passwort ....

Passwort ....

Passwort .... H

Notizen ....

❯**Anbieter / Adresse** ....

Benutzername ....

Passwort ....

Passwort ....

Passwort ....

Notizen ....

❯**Anbieter / Adresse** ....

Benutzername ....

Passwort ....

Passwort ....

Passwort ....

Notizen ....

❯ **Anbieter / Adresse** ....

Benutzername ....

Passwort ....

Passwort ....

H   *Passwort* ....

Notizen ....

❯ **Anbieter / Adresse** ....

Benutzername ....

Passwort ....

Passwort ....

Passwort ....

Notizen ....

❯ **Anbieter / Adresse** ....

Benutzername ....

Passwort ....

Passwort ....

Passwort ....

Notizen ....

❯ Anbieter / Adresse ....

Benutzername ....

Passwort ....

Passwort ....

Passwort ....

Notizen .... **I**

❯ Anbieter / Adresse ....

Benutzername ....

Passwort ....

Passwort ....

Passwort ....

Notizen ....

❯ Anbieter / Adresse ....

Benutzername ....

Passwort ....

Passwort ....

Passwort ....

Notizen ....

❯ **Anbieter / Adresse** ....

Benutzername ....

Passwort ....

Passwort ....

Passwort ....

I *Notizen* ....

❯ **Anbieter / Adresse** ....

Benutzername ....

Passwort ....

Passwort ....

Passwort ....

Notizen ....

❯ **Anbieter / Adresse** ....

Benutzername ....

Passwort ....

Passwort ....

Passwort ....

Notizen ....

❯ Anbieter / Adresse ....

Benutzername ....

Passwort ....

Passwort ....

Passwort ....

Notizen ....

❯ Anbieter / Adresse ....

Benutzername ....

Passwort ....

Passwort ....

Passwort ....

Notizen ....

❯ Anbieter / Adresse ....

Benutzername ....

Passwort ....

Passwort ....

Passwort ....

Notizen ....

❯ Anbieter / Adresse ....

Benutzername ....

Passwort ....

Passwort ....

Passwort ....

Notizen ....

❯ Anbieter / Adresse ....

Benutzername ....

Passwort ....

Passwort ....

Passwort ....

Notizen ....

❯ Anbieter / Adresse ....

Benutzername ....

Passwort ....

Passwort ....

Passwort ....

Notizen ....

❯ Anbieter / Adresse ....

Benutzername ....

Passwort ....

Passwort ....

Passwort ....

Notizen ....

❯ Anbieter / Adresse .... **K**

Benutzername ....

Passwort ....

Passwort ....

Passwort ....

Notizen ....

❯ Anbieter / Adresse ....

Benutzername ....

Passwort ....

Passwort ....

Passwort ....

Notizen ....

❯ **Anbieter / Adresse** ....

Benutzername ....

Passwort ....

Passwort ....

Passwort ....

Notizen ....

K ❯ **Anbieter / Adresse** ....

Benutzername ....

Passwort ....

Passwort ....

Passwort ....

Notizen ....

❯ **Anbieter / Adresse** ....

Benutzername ....

Passwort ....

Passwort ....

Passwort ....

Notizen ....

> **Anbieter / Adresse** ....

Benutzername ....

Passwort ....

Passwort ....

Passwort ....

Notizen ....

> **Anbieter / Adresse** ....

Benutzername .... **L**

Passwort ....

Passwort ....

Passwort ....

Notizen ....

> **Anbieter / Adresse** ....

Benutzername ....

Passwort ....

Passwort ....

Passwort ....

Notizen ....

❯ Anbieter / Adresse ....

Benutzername ....

Passwort ....

Passwort ....

Passwort ....

Notizen ....

❯ Anbieter / Adresse ....

L

Benutzername ....

Passwort ....

Passwort ....

Passwort ....

Notizen ....

❯ Anbieter / Adresse ....

Benutzername ....

Passwort ....

Passwort ....

Passwort ....

Notizen ....

❯ Anbieter / Adresse ....

Benutzername ....

Passwort ....

Passwort ....

Passwort ....

Notizen ....

❯ Anbieter / Adresse ....

Benutzername ....

M

Passwort ....

Passwort ....

Passwort ....

Notizen ....

❯ Anbieter / Adresse ....

Benutzername ....

Passwort ....

Passwort ....

Passwort ....

Notizen ....

❯ Anbieter / Adresse ....

Benutzername ....

Passwort ....

Passwort ....

Passwort ....

Notizen ....

❯ Anbieter / Adresse ....

Benutzername ....

M

Passwort ....

Passwort ....

Passwort ....

Notizen ....

❯ Anbieter / Adresse ....

Benutzername ....

Passwort ....

Passwort ....

Passwort ....

Notizen ....

❯ Anbieter / Adresse ....

Benutzername ....

Passwort ....

Passwort ....

Passwort ....

Notizen ....

❯ Anbieter / Adresse ....

Benutzername ....

Passwort ....

Passwort ....

Passwort ....

Notizen ....

❯ Anbieter / Adresse ....

Benutzername ....

Passwort ....

Passwort ....

Passwort ....

Notizen ....

❯ **Anbieter / Adresse** ....

Benutzername ....

Passwort ....

Passwort ....

Passwort ....

Notizen ....

❯ **Anbieter / Adresse** ....

Benutzername ....

N

Passwort ....

Passwort ....

Passwort ....

Notizen ....

❯ **Anbieter / Adresse** ....

Benutzername ....

Passwort ....

Passwort ....

Passwort ....

Notizen ....

> **Anbieter / Adresse** ....

Benutzername ....

Passwort ....

Passwort ....

Passwort ....

Notizen ....

> **Anbieter / Adresse** ....

Benutzername ....

Passwort ....

Passwort .... **O**

Passwort ....

Notizen ....

> **Anbieter / Adresse** ....

Benutzername ....

Passwort ....

Passwort ....

Passwort ....

Notizen ....

❯ Anbieter / Adresse ....

Benutzername ....

Passwort ....

Passwort ....

Passwort ....

Notizen ....

❯ Anbieter / Adresse ....

Benutzername ....

Passwort ....

Passwort ....

Passwort ....

Notizen ....

❯ Anbieter / Adresse ....

Benutzername ....

Passwort ....

Passwort ....

Passwort ....

Notizen ....

❯ Anbieter / Adresse ....

Benutzername ....

Passwort ....

Passwort ....

Passwort ....

Notizen ....

❯ Anbieter / Adresse ....

Benutzername ....

Passwort ....

Passwort ....

Passwort .... P

Notizen ....

❯ Anbieter / Adresse ....

Benutzername ....

Passwort ....

Passwort ....

Passwort ....

Notizen ....

❯ Anbieter / Adresse ....

Benutzername ....

Passwort ....

Passwort ....

Passwort ....

Notizen ....

❯ Anbieter / Adresse ....

Benutzername ....

Passwort ....

Passwort ....

P

Passwort ....

Notizen ....

❯ Anbieter / Adresse ....

Benutzername ....

Passwort ....

Passwort ....

Passwort ....

Notizen ....

>Anbieter / Adresse ....

Benutzername ....

Passwort ....

Passwort ....

Passwort ....

Notizen ....

>Anbieter / Adresse ....

Benutzername ....

Passwort ....

Passwort ....

Passwort ....

Notizen ....

>Anbieter / Adresse ....

Benutzername ....

Passwort ....

Passwort ....

Passwort ....

Notizen ....

❯ Anbieter / Adresse ....

Benutzername ....

Passwort ....

Passwort ....

Passwort ....

Notizen ....

❯ Anbieter / Adresse ....

Benutzername ....

Passwort ....

Passwort ....

Passwort ....

Notizen ....

❯ Anbieter / Adresse ....

Benutzername ....

Passwort ....

Passwort ....

Passwort ....

Notizen ....

❯ Anbieter / Adresse ....

Benutzername ....

Passwort ....

Passwort ....

Passwort ....

Notizen ....

❯ Anbieter / Adresse ....

Benutzername ....

Passwort ....

Passwort ....

Passwort ....

Notizen ....

R

❯ Anbieter / Adresse ....

Benutzername ....

Passwort ....

Passwort ....

Passwort ....

Notizen ....

❯ Anbieter / Adresse ....

Benutzername ....

Passwort ....

Passwort ....

Passwort ....

Notizen ....

❯ Anbieter / Adresse ....

Benutzername ....

Passwort ....

Passwort ....

Passwort ....

R

Notizen ....

❯ Anbieter / Adresse ....

Benutzername ....

Passwort ....

Passwort ....

Passwort ....

Notizen ....

❯ Anbieter / Adresse ....

Benutzername ....

Passwort ....

Passwort ....

Passwort ....

Notizen ....

❯ Anbieter / Adresse ....

Benutzername ....

Passwort ....

Passwort ....

Passwort ....

Notizen ....

❯ Anbieter / Adresse ....   **S**

Benutzername ....

Passwort ....

Passwort ....

Passwort ....

Notizen ....

❯ Anbieter / Adresse ....

Benutzername ....

Passwort ....

Passwort ....

Passwort ....

Notizen ....

❯ Anbieter / Adresse ....

Benutzername ....

Passwort ....

Passwort ....

Passwort ....

Notizen ....

S

❯ Anbieter / Adresse ....

Benutzername ....

Passwort ....

Passwort ....

Passwort ....

Notizen ....

❯ Anbieter / Adresse ....

Benutzername ....

Passwort ....

Passwort ....

Passwort ....

Notizen ....

❯ Anbieter / Adresse ....

Benutzername ....

Passwort ....

Passwort ....

Passwort ....

Notizen ....

❯ Anbieter / Adresse ....

T

Benutzername ....

Passwort ....

Passwort ....

Passwort ....

Notizen ....

> **Anbieter / Adresse** ....

Benutzername ....

Passwort ....

Passwort ....

Passwort ....

Notizen ....

> **Anbieter / Adresse** ....

Benutzername ....

Passwort ....

Passwort ....

Passwort ....

Notizen ....

T

> **Anbieter / Adresse** ....

Benutzername ....

Passwort ....

Passwort ....

Passwort ....

Notizen ....

❯ Anbieter / Adresse ....

Benutzername ....

Passwort ....

Passwort ....

Passwort ....

Notizen ....

❯ Anbieter / Adresse ....

Benutzername ....

Passwort ....

Passwort ....

Passwort ....

Notizen ....

❯ Anbieter / Adresse ....

Benutzername .... **U**

Passwort ....

Passwort ....

Passwort ....

Notizen ....

❯ Anbieter / Adresse ....

Benutzername ....

Passwort ....

Passwort ....

Passwort ....

Notizen ....

❯ Anbieter / Adresse ....

Benutzername ....

Passwort ....

Passwort ....

Passwort ....

Notizen ....

❯ Anbieter / Adresse ....

U

Benutzername ....

Passwort ....

Passwort ....

Passwort ....

Notizen ....

❯ Anbieter / Adresse ....

Benutzername ....

Passwort ....

Passwort ....

Passwort ....

Notizen ....

❯ Anbieter / Adresse ....

Benutzername ....

Passwort ....

Passwort ....

Passwort ....

Notizen ....

❯ Anbieter / Adresse ....

Benutzername ....

Passwort .... **V**

Passwort ....

Passwort ....

Notizen ....

❯Anbieter / Adresse ....

Benutzername ....

Passwort ....

Passwort ....

Passwort ....

Notizen ....

❯Anbieter / Adresse ....

Benutzername ....

Passwort ....

Passwort ....

Passwort ....

Notizen ....

❯Anbieter / Adresse ....

Benutzername ....

V

Passwort ....

Passwort ....

Passwort ....

Notizen ....

❯ Anbieter / Adresse ....

Benutzername ....

Passwort ....

Passwort ....

Passwort ....

Notizen ....

❯ Anbieter / Adresse ....

Benutzername ....

Passwort ....

Passwort ....

Passwort ....

Notizen ....

❯ Anbieter / Adresse ....

Benutzername ....

Passwort ....

W

Passwort ....

Passwort ....

Notizen ....

❯ Anbieter / Adresse ....

Benutzername ....

Passwort ....

Passwort ....

Passwort ....

Notizen ....

❯ Anbieter / Adresse ....

Benutzername ....

Passwort ....

Passwort ....

Passwort ....

Notizen ....

❯ Anbieter / Adresse ....

Benutzername ....

Passwort ....

W

Passwort ....

Passwort ....

Notizen ....

❯ Anbieter / Adresse ....

Benutzername ....

Passwort ....

Passwort ....

Passwort ....

Notizen ....

❯ Anbieter / Adresse ....

Benutzername ....

Passwort ....

Passwort ....

Passwort ....

Notizen ....

❯ Anbieter / Adresse ....

Benutzername ....

Passwort ....

Passwort ....

X

Passwort ....

Notizen ....

B

> ❯ **Anbieter / Adresse** ....

Benutzername ....

Passwort ....

Passwort ....

Passwort ....

Notizen ....

> ❯ **Anbieter / Adresse** ....

Benutzername ....

Passwort ....

Passwort ....

Passwort ....

Notizen ....

> ❯ **Anbieter / Adresse** ....

Benutzername ....

Passwort ....

X

Passwort ....

Passwort ....

Notizen ....

❯ Anbieter / Adresse ....

Benutzername ....

Passwort ....

Passwort ....

Passwort ....

Notizen ....

❯ Anbieter / Adresse ....

Benutzername ....

Passwort ....

Passwort ....

Passwort ....

Notizen ....

❯ Anbieter / Adresse ....

Benutzername ....

Passwort ....

Passwort ....

Passwort .... Y

Notizen ....

B

❯ **Anbieter / Adresse** ....

Benutzername ....

Passwort ....

Passwort ....

Passwort ....

Notizen ....

❯ **Anbieter / Adresse** ....

Benutzername ....

Passwort ....

Passwort ....

Passwort ....

Notizen ....

❯ **Anbieter / Adresse** ....

Benutzername ....

Passwort ....

Passwort ....

Y

Passwort ....

Notizen ....

❯ Anbieter / Adresse ....

Benutzername ....

Passwort ....

Passwort ....

Passwort ....

Notizen ....

❯ Anbieter / Adresse ....

Benutzername ....

Passwort ....

Passwort ....

Passwort ....

Notizen ....

❯ Anbieter / Adresse ....

Benutzername ....

Passwort ....

Passwort ....

Passwort ....

Notizen .... **Z**

❯ Anbieter / Adresse ....

Benutzername ....

Passwort ....

Passwort ....

Passwort ....

Notizen ....

❯ Anbieter / Adresse ....

Benutzername ....

Passwort ....

Passwort ....

Passwort ....

Notizen ....

❯ Anbieter / Adresse ....

Benutzername ....

Passwort ....

Passwort ....

Passwort ....

Z *Notizen* ....

*** Notizen ***

*** Notizen ***

*** Notizen ***

*** Notizen ***

*** Notizen ***

*** Notizen ***

So erstellen Sie ein sicheres Passwort

❶ Denken Sie sich einen Schlüsselsatz aus und nehmen Sie daraus jeweils die ersten Buchstaben oder markante Bereiche.
Beispiel:
Gut Ding braucht Weile
Daraus resultierendes Passwort ist: **GDbW**

❷ Im nächsten Schritt ergänzen Sie das Passwort um eine Zahl. Beispielsweise um die ersten beiden Stellen Ihrer Telefon-Nummer.
Beispiel:
GDbW91

❸ Erweitern Sie dieses Passwort z.B. um die ersten beiden Buchstaben des Dienstes, bei dem Sie sich anmelden. Zur Trennung verwenden Sie ein oder mehrere Sonderzeichen.
Beispiel:
GDbW91$#Go

Vorsicht mit Umlauten
Wenn Sie im Ausland Ihr Passwort verwenden, bitte denken Sie daran, dass auf der Tastatur unter Umständen keine Umlaute (oder das ß) vorhanden sind.

IMPRESSUM
Erscheinungsdatum: 12.2015. 1. Auflage
Verlag: Mediencenter 50plus
Rottmannstr. 7a, 80333 München
Internet: www.mc50plus.de
Autor: Ingmar Zastrow
Alle Rechte am Werk liegen bei Mediencenter 50plus.
Alle Angaben ohne Haftung und ohne Gewähr.
PC Service-Hotline: 089-55293606

www.passwortakte.de